Dr. Joseph Murphy

Stille Momente mit Gott

Murphy Meditationen I

Verlag PETER ERD · München

QUIET MOMENTS WITH GOD
by Dr. Joseph Murphy
Original English language edition published by DeVorss & Co., Publishers, Marina del Rey, California

Aus dem Amerikanischen übertragen von Manfred G. Schmidt

Printed in West Germany
ISBN 3-8138-0085-7

INHALT

KONDENSIERTE INTERPRETATION DES 23. PSALMS

Der Herr ist mein Hirte. Ich singe das Lied der jubelnden Seele, denn ich habe Gott zu meinem Hirten erwählt. Ich werde von göttlicher Intelligenz beherrscht und auf allen meinen Wegen geführt. Mir wird nichts mangeln – ich habe keinen Mangel an Frieden, Harmonie oder Führung, denn Gottes Weisheit beherrscht mich. Ich lagere mich immer auf grünen Auen, denn Gott versorgt mich großzügiger als ich es in meinen kühnsten Träumen erwartet habe. Ich befinde mich an den stillen Wassern, weil der unendliche Frieden Gottes mein Gemüt und mein Herz überflutet. Meine Emotionen (Wasser) sind zur Ruhe gekommen und geben einer wunderbaren Gelassenheit Ausdruck. Mein Gemüt ist jetzt von stiller Heiterkeit und reflektiert die himmlischen Wahrheiten und das Licht Gottes (meine Seele ist erquickt). Den ganzen Tag lang denke ich an die heilige Gegenwart Gottes in meinem Innern. Ich gehe auf dem rechten Pfad, weil ich die ewigen Wahrheiten Gottes verehre und achte. Ich weiß: Es gibt keinen Tod, und ich fürchte kein Unglück. Ich weiß: „Gott hat uns nicht den Geist der Furcht gegeben, sondern der Liebe und Kraft, und ein vernünftiges Gemüt." Gottes Stecken (Liebe) und Stab (Wahrheit) trösten, erhalten und stärken mich. Ich sitze immer an der reich gedeckten Tafel Gottes; sie ist der geheime Ort des Höchsten, wo ich in meinen Gedanken mit Gott gehe und spreche. Ich nehme die stärkenden Wahrheiten Gottes zu mir, wann immer Furcht und Sorge (meine Feinde) mir zu schaffen machen. Das Brot, das ich esse, ist Gottes Idee von Frieden, Liebe und Glauben an alle guten Dinge. Das Fleisch, das ich esse, ist die Allmacht Gottes; der Wein, den ich trinke, ist die Essenz der Freude. Die Weisheit Gottes salbt meinen Intellekt; sie ist eine Leuchte zu meinen Füßen und ein Licht auf meinem Weg. Mein Becher (Herz) ist wahrhaftig die Kammer der heiligen Gegenwart Gottes; er fließt über mit Liebe und Freude. Ich wohne im Haus der Güte, Wahrheit und Schönheit; das ist mein Haus des Herrn.

KONDENSIERTE INTERPRETATION DES 91. PSALMS

Ich wohne an dem geheimen Ort des Höchsten und kontempliere Gott und seine Herrlichkeit in meinem Innern. Ich verweile immer im Schatten des Allmächtigen, denn ich weiß, Gottes Liebe umgibt mich und hüllt mich ein. Sie macht meinen Weg eben, schön und freudvoll. Der Herr (die spirituelle Macht) ist souverän und überragend – die einzige Macht. Sie reagiert auf mein Denken; deshalb ist sie meine Zuflucht und meine Festung. Diese spirituelle Kraft inspiriert, heilt, stärkt und erneuert mein Gemüt und meinen Körper. Sie ist Gott. Sie ist eine wohltuende, freundliche Macht. Ich vertraue ihr vollkommen, und sie antwortet als Gnade, Liebe, Inspiration und Schönheit. Diese göttliche Kraft bedeckt mich mit ihren Fittichen der Liebe, des Lichts und des Friedens. Es ist wundervoll!

Ich weise die negativen Gedanken der Welt (der Pfeil, der am Tage fliegt) energisch zurück, und die Liebe Gottes löst die Furcht-Schablonen meines Unterbewußtseins (die Schrecken der Nacht) restlos auf. Ich weiß: Ich bin sicher in der unsichtbaren Hand Gottes. Meine mentalen Schwingungen sind immer im Einklang mit dem Gottesgemüt und alles ist gut. Ich bin völlig frei von Furcht vor Unglück oder feindseligen Handlungen (Pest, die im Finstern schleicht), denn ich weiß, daß ich immunisiert und Gott-durchtränkt bin. Ich habe den göttlichen Anti-Körper empfangen – die Gegenwart Gottes in meinem Herzen. Die Tausende und Abertausende negativer Weltgedanken und -suggestionen sind bewußt und unbewußt vernichtet, denn Gott ist lebendig in mir, und ich lebe in der freudigen Erwartung des Besten (es wird dir kein Unheil begegnen). Gott und seine heiligen Engel (Gottes Ideen, Impulse, Intuitionen und Führung) haben vollkommene

Herrschaft über mich, und ich bin beschützt auf allen meinen Wegen – in Gesundheit, rechtem Handeln, Selbstausdruck und göttlicher Patnerschaft. Durch Kontemplation der Gegenwart Gottes schreite ich über Löwen und Ottern (Behinderungen und Schwierigkeiten aller Art). Meine Errettung (Lösung) wird mir offenbar, wenn ich über Gott und den Himmel (positiver Gemütszustand) nachsinne; dann eilen alle göttlichen Kräfte herbei, um mir Hilfe zu spenden, zu meiner ewigen Freude.

HEILUNGS-TREATMENT

Die Gaben Gottes sind mein. Wir haben uns in der Gegenwart Gottes zusammengefunden. Alle Segnungen kommen von ihm. Ich mache den bestmöglichen Gebrauch von jedem Augenblick dieses Tages, indem ich Gott verherrliche. Gottes Harmonie, Frieden und Überfluß sind mein. Göttliche Liebe geht von mir aus und segnet alle, die in meine Atmosphäre gelangen. Gottes Liebe kann von allen hier Versammelten gespürt werden, und seine Liebe heilt sie jetzt.

Ich fürchte kein Unglück, denn Gott ist bei mir. Ich bin immer umgeben vom heiligen Kreis der Liebe und Macht Gottes. Ich erkläre, fühle, weiß und glaube definitiv und positiv, daß der Strahl der Liebe und ewigen Wachsamkeit Gottes alle meine Lieben führt, sie heilt und für sie sorgt.

Ich vergebe jedem Menschen und strahle in aller Aufrichtigkeit Gottes Liebe, Frieden und Wohlwollen auf alle Menschen aus, wo immer sie sich auch befinden. Inmitten meines Seins ist Frieden; es ist der Frieden Gottes. In dieser Stille spüre ich die Kraft, Führung und die Liebe seiner heiligen Gegenwart. Auf allen meinen Wegen werde ich göttlich geführt. Ich bin ein klarer, reiner Kanal für Gottes Liebe, Licht, Wahrheit und Schönheit. Ich spüre, wie sein Strom des Friedens mich durchfließt. Ich weiß, daß alle meine Probleme sich im Gemüt Gottes auflösen. Gottes Wege sind meine Wege. Die Worte, die ich gesprochen habe, erfüllen das, wozu sie ausgesandt wurden. Ich freue mich und sage Dank in der Erkenntnis, daß meine Gebete beantworet sind. So ist es.

VERGEBUNG

Vergebung ist ein Vorgang, bei dem Ihr Herz und Ihr Gemüt beteiligt sein müssen, um wirksam zu sein. *Vergeben* bedeutet „für etwas geben". Geben Sie sich also das Gefühl der Liebe und des Wohlwollens, anstelle eines des Zorns, des Grolls oder des Hasses. Ihre Gemütshaltung bestimmt Ihre Erfahrung. Halten Sie Ihr Gemüt klar, ausgeglichen, heiter, gelassen und voller Erwartung des Besten. Wenn Sie einem anderen etwas übelnehmen, dann schenken Sie dem anderen zuviel Energie und schaden sich selbst. *Vergeben* bedeutet, Ihr Denken zu ändern und geändert zu halten. Wenden Sie die folgende Technik an, um einem anderen Menschen zu vergeben: Beten Sie für den anderen, aufrichtig, liebevoll und von ganzem Herzen. Nennen Sie ihn dabei beim Namen. Bejahen Sie: „Gott segnet ihn. Der Frieden Gottes erfüllt seine Seele; er ist auf jede Weise inspiriert und gesegnet." Freuen Sie sich, daß Gottes Gesetz für ihn tätig ist – für ihn, durch ihn und alle, die ihn umgeben. Tun Sie das solange, bis Ihr Herz und Gemüt so von Liebe erfüllt sind, daß kein Raum für irgendwelchen Groll mehr bleibt. Sie sind jetzt befreit.

HEILUNGSGEBET FÜR GRUPPEN

Wir sind hier versammelt in der Gegenwart Gottes. Es gibt nur einen Gott, ein Leben, ein Gesetz, ein Gemüt und einen Vater – unseren Vater. Wir alle sind Brüder und Schwestern und haben einen gemeinsamen Vater.

Ich grüße die Göttlichkeit in jedem Menschen hier. Die Liebe Gottes durchströmt mich, und sie strahlt auf alle Anwesenden aus und auf alle Menschen an jedem Ort. Ich glaube und weiß, daß die allgegenwärtige Macht und Intelligenz des unendlichen Einen jedes Individuum hier duchstörmt und positive und definitive Heilung bewirkt – körperlich und geistig. Ich weiß: Göttliches rechtes Handeln greift Platz in jeder Zelle, jedem Organ, allem Gewebe und jeder Funktion im Körper eines jeden hier Anwesenden. Es manifestiert sich als Frieden, Harmonie und Gesundheit.

Ich weiß, daß göttliche Führung von allen hier Versammelten jetzt zur lebendigen Erfahrung wird. Gott – der große Berater – führt jeden von uns auf den Pfad der Freude und des Friedens.

Die Worte, die ich jetzt spreche, vollbringen jetzt das, wozu sie ausgesandt wurden. Ich freue mich jetzt und gelange in die Stimmung der Dankbarkeit, denn ich weiß, mein Gebet ist beantwortet.

SEI STILL UND WISSE

Sei still und wisse, daß ich Gott bin. Ich bringe jetzt das Räderwerk meines Gemüts zum Stillstand und denke an Gott und seine Liebe. Ich habe meine Emotionen völlig unter Kontrolle; ich bin heiter und gelassen. Mein Gemüt ist friedvoll und reflektiert Gottes himmlische Wahrheiten und Gottes Licht. Die Weisheit Gottes gelangt in mein Wachbewußtsein, weil ich still und gelassen bin. Sie offenbart mir den vollkommenen Plan und zeigt mir den Weg, den ich gehen soll.

Meine liebevollen Gedanken sind den ganzen Tag lang auf die ewigen Wahrheiten Gottes gerichtet. Ständig nehme ich für mich in Anspruch, in allen Bereichen meines Lebens von Gottes Weisheit, Wahrheit und Schönheit beherrscht und geführt zu werden.

Gottes Stecken (Liebe) und Stab (Wahrheit) erhalten, nähren und stärken mich in allen meinen Vorhaben. Wann immer Furchtgefühle kommen sollten, wende ich mich sofort Gott und seiner heiligen Gegenwart zu und erfreue mich an dieser Wahrheit: „Gott hat mir nicht den Geist der Furcht gegeben, sondern den der Liebe und Kraft, und einen gesunden Verstand." Ich esse das Brot des Himmels, geschaffen aus Frieden, Harmonie und Gottvertrauen. Mein Gebet ist: „Herr gibt uns dieses Brot in Ewigkeit."

FAHR IN FRIEDEN

Dies ist Gottes Auto. Es ist Gottes Idee, und es bewegt sich vom Ausgangspunkt bis zum Ziel frei, freudig und liebevoll. Gottes Weisheit führt dieses Auto auf allen seinen Wegen. Gottes Ordnung, Symmetrie und Schönheit beherrschen allezeit den Mechanismus dieses Wagens. Gottes heilige Gegenwart segnet dieses Auto und alle seine Insassen. Der Fahrer/die Fahrerin dieses Wagens ist ein Botschafter Gottes; er/sie bringt Liebe und Wohlwollen für alle zum Ausdruck. Der Friede, die Wahrheit und das Verständnis Gottes erfüllt den Fahrer/die Fahrerin zu jeder Zeit. Alle getroffenen Entscheidungen sind göttlich inspiriert. Gott ebnet den Weg und macht ihn schön und vollkommen. Alle Wege sind Fahrbahnen Gottes.

DIE SEEMANNS-VERSION DES 23. PSALMS

„Der Herr ist mein Lotse; ich werde nicht vom Kurs abkommen. Sein Licht weist mir den Weg durch die dunklen Gewässer; er steuert mich durch die tiefen Kanäle; er führt mein Log. Er leitet mich mit dem Stern der Heiligkeit um seines Namens willen. Und ob ich schon segelte durch die Wogen und Stürme des Lebens, so fürchte ich keine Gefahr; denn du bist bei mir. Deine Liebe und deine Fürsorge, sie geben mir Schutz. Du bereitest einen Hafen vor mir im Heimatland der Ewigkeit; du salbst die Wellen mit Öl; mein Schiff fährt ruhig. Wahrlich, Sonnenschein und Sternenlicht sollen mich bestrahlen auf meiner Reise, und ruhen will ich im Hafen Gottes für immer."*

*Von J. Rogers, Kapitän der amerikanischen Handelsmarine. Geschrieben im 2. Weltkrieg. Veröffentlicht vom Navy Chaplains Bulletin, Washington, D.C., USA.

DIE KÖNIGLICHE STRASSE

„Wir werden auf der königlichen Straße fahren, wir werden weder nach rechts noch nach links abbiegen."

Mein Weg ist Gottes Weg, und alle seine Wege sind Wohlbehagen, und alle seine Pfade sind Frieden. Ich reise unter Gottes Führung, geleitet vom heiligen Geist. Mein Weg ist die königliche Straße der alten Griechen und Römer, der mittlere Pfad Buddhas, das gerade und enge Tor, von dem Jesus sprach. Meine Straße ist die Straße des Königs, denn ich bin ein König über alle meine Gedanken, Gefühle und Emotionen.

Ich sende meine Botschafter, Gottes Liebe, Frieden, Licht und Schönheit genannt, vor mir her. Sie machen meinen Weg eben, schön, froh und glückbringend. Ich reise immer auf der königlichen Straße und begegne Gottes Botschaftern des Friedens und der Freude, wo immer ich gehe. Ich bewege mich auf der Straße, die zum Gipfel des Berges führt. Ich weiß, daß nichts Böses meinen Weg kreuzen kann, weil meine Augen auf Gott gerichtet sind.

Ob ich autofahre, mit dem Zug reise, mit dem Bus, dem Flugzeug oder ob ich zu Fuß gehe – immer bin ich vom Zauber Gottes umgeben. Vom Ausgangspunkt zum Ziel gehe ich frei, froh und liebevoll in der unsichtbaren Rüstung Gottes. Der Geist des Herrn, meines Gottes, beherrscht mich und macht alle Wege zu einer Straße meines Gottes. Es ist wundervoll!

FAHREN UND REISEN

„Und der Herr, er ist es, der vor dir hergeht.“

Ich glaube und ich vertraue darauf, daß die Macht und Weisheit Gottes mich auf allen meinen Wegen führt und beherrscht. Das ist meine dominierende Stimmung. Dieses Gefühl ist der Herr, der vor mir hergeht. Meine Überzeugung von der Gegenwart Gottes ist stark und mächtig – ich bin mir bewußt, daß die spirituelle Atmosphäre, in der ich verweile, vor mir hergeht und meinen Weg eben, schön, freudig und glückhaft macht. Immer wenn ich reise – sei es mit dem Bus, der Bahn, dem Flugzeug, dem Auto oder welchem Fortbewegungsmittel auch immer, ist die Liebe und Intelligenz Gottes bei mir und lenkt meine Reise. Alle Straßen und Nebenstraßen meiner Welt werden von Gott kontrolliert. Himmel und Erde sind die Straßen meines Gottes.

VOLLKOMMENE SEHKRAFT

Meine Augen sind Gottes Augen, deshalb sehe ich gut. Die lebendige Intelligenz, die meine Augen geschaffen hat, hat alle Funktionen meiner Augen und darüber hinaus meines ganzen Körpers unter völliger Kontrolle. Ich weiß und ich glaube, daß meine Sehkraft spirituell, ewig und unzerstörbar ist. „Wenn daher dein Auge einfältig ist, soll dein ganzer Körper voller Licht sein." Das heißt anders ausgedrückt: Ich sehe nur die Wahrheit; ich liebe die Wahrheit; ich kenne die Wahrheit. Ich sehe Gott in allen Menschen und in allen Dingen. Ich sehe – spirituell, mental und physisch. Meine Augen spiegeln die Herrlichkeit, die Schönheit und die Vollkommenheit Gottes wider. Gott sieht durch meine Augen und erblickt seine eigenen Ideen der Vollkommenheit. Meine Augen sind die Fenster meiner Seele; sie sind rein und jederzeit ausschließlich auf Liebe, Wahrheit und Schönheit gerichtet. Die harmonisierende, heilende, belebende und kräftigende Macht des heiligen Geistes durchdringt jedes Atom, jede Zelle, jeden Nerv, alles Gewebe und jeden Muskel meiner Augen und macht sie gesund, rein und vollkommen. Das göttliche vollkommene Muster manifestiert sich jetzt in meinen Augen, und jedes Atom und jede Zelle entspricht dem vollkommenen Muster Gottes. Danke, Vater.

SEINE HEILIGE GEGENWART

Ich bin Gott, und es gibt keinen Gott neben mir. Begrenzungen von Zeit und Raum haben für mich keine Gültigkeit. Name oder Form können mich nicht binden. Ich bin überall gegenwärtig. Ich bin dein Gott und der Herr über zahllose Heerscharen. Ich befinde mich im Heiligtum der Heiligtümer, im Herzen des wahren Tempels auf dem heiligen Berge. Ich bin jetzt eins mit Gott. Seine Liebe und sein Licht durchströmen mich, und ich bin vom Glanz des grenzenlosen Lichtes überflutet. Ich bin erhoben und inspiriert; ich dehne mich aus in die göttliche Tiefe des Vaters. Ich nehme den süßen Duft des Göttlichen wahr; er berührt das Innerste meines Herzens; es schlägt zur Melodie Gottes. Ich setze mein Vertrauen in die göttliche Gegenwart und in die Vollkommenheit dessen der ist. Mein höheres Selbst ist Gott; mit ihm bin ich eins; ich vernehme die innere Stimme. Sie erleuchtet, inspiriert und erhebt mich; zuweilen finde ich mich in Ekstase, eingetaucht in seine heilige Allgegenwart. Ich weiß jetzt: Ich bin ein Sohn des lebendigen Gottes. Ich bin göttlicher Geist – ein Kind Gottes; in ihm lebe ich, bewege ich mich, und habe ich mein Sein. Ich weiß: Er meditiert, und ich bin seine Meditation.

DER HEILENDE BALSAM DER LIEBE

„Daran wird jedermann erkennen, daß ihr meine Jünger seid, wenn ihr Liebe untereinander habt." Gott ist der absolute Liebende; daraus folgt, daß die Antwort gegeben ist, noch bevor der Ruf erfolgt. Die Liebe Gottes durchströmt mich jetzt; der Friede Gottes umgibt mich; alles ist gut. Göttliche Liebe umgibt mich, entfaltet sich in mir und hüllt mich ein. Diese unendliche Liebe ist in mein Herz geschrieben. Ich strahle Liebe aus – in meinem Denken, meinen Worten und meinen Taten. Die Liebe vereint und harmonisiert alle Kräfte und Eigenschaften Gottes in mir. Liebe heißt Freude, Frieden, Freiheit, Wonne und Dankbarkeit. Liebe ist Freiheit. Sie öffnet Gefängnistore und setzt alle Gefangenen frei. Ich strahle Liebe aus – auf alle Wesen, denn jeder verkörpert die Liebe Gottes. Ich grüße die Göttlichkeit im anderen. Ich glaube und weiß, daß göttliche Liebe mich jetzt heilt. Liebe ist ein führendes Prinzip in mir; sie bringt vollkommene und harmonische Beziehungen in mein Leben. Gott ist Liebe. „Wer in der Liebe ist, der ist in Gott, und Gott in ihm."

DIE MACHT GOTTES

Gott ist die einzige Gegenwart und die einzige Macht und ich bin eins mit ihm. Gottes Kraft ist meine Kraft; seine Intelligenz überflutet mein Gemüt. Dieses neue Gewahrsein gibt mir die vollkommene Herrschaft in jedem Bereich meines Lebens. Ich bin jetzt mit dem einen universellen Gemüt zusammengeschlossen. Seine Wahrheit, Macht und Herrlichkeit durchströmt mich. Ich bin mir bewußt, daß die Macht und Energie Gottes jedes Atom, jede Zelle, jeden Muskel, alles Gewebe und jeden Knochen meines Körpers durchdringt und mein ganzes Sein beherrscht. Sie heilt mich jetzt. Gott ist Leben, und dieses Leben ist mein Leben. Mein Glauben ist erneuert; meine Vitalität ist wiederhergestellt. Gott ist in mir lebendig. Er ist mein Gott; ich bin eins mit ihm. Die Wahrheit ist mein Schild und Schutz; ich freue mich, daß es so ist. Ich vertraue auf den Schutz seiner Fittiche. Ich verweile an dem geheimen Ort des Höchsten und ruhe unter dem Schatten des Allmächtigen.

DER FRIEDE GOTTES

„Und wessen Haus ihr auch betretet, zuerst sagt: ‚Frieden sei mit diesem Hause.'" Mein Gemüt ist überflutet mit dem Leben, der Liebe und der Wahrheit Gottes. Immer wenn meine Aufmerksamkeit von Gott abirrt, bringe ich sie behutsam zurück zur Kontemplation seiner heiligen Gegenwart. Ich betrete die geheime Kammer in meinem Innern – mein eigenes Bewußtsein. Ich bin im Himmel; ich bin vollkommen ruhig, heiter und gelassen. „Friede sei in deinen Mauern und Wohlstand in deinen Palästen. Um meiner Brüder und Freunde willen will ich dir Frieden wünschen." Ich lebe im Hause des Herrn, meines Gottes und suche ausschließlich das Gute. Ich lebe in seinem Reich. Ich spüre die göttliche Atmosphäre des Friedens, der Liebe und der Freude. Ich rühre die Gottesgabe in meinem Innern auf. Ich weiß: Ich und der Vater sind eins; ich spüre die Wirklichkeit dieser Feststellung; sein Leben durchströmt mich. Ich weiß, daß in seinem Himmel, in dem ich lebe, mich bewege und mein Sein habe, alle meine Gebete beantwortet sind. Ich bin im Frieden. Die Taube der Liebe flüsterte in mein Ohr: „Friede, sei still!"

MEIN INNERER FRIEDEN

Mein Gemüt ist still und friedlich; ich reflektiere die Weisheit und Schönheit des Höchsten. Der Geist Gottes durchfließt mich jetzt in Gedanken, Worten und Taten; ich bin im Frieden. Der Friede, der alle Vernunft übersteigt, erfüllt mich. Ich fühle und erlebe die Sicherheit und Tranquillität meines Gemüts, das ganz in Harmonie mit dem Unendlichen ist. Ich ruhe in den ewigen Armen. Mein Leben ist Gottes Leben und das ist vollkommen. Ich bin eins mit meinem Vater und mein Vater ist Gott. Ich bin gelassen und in völligem Gleichgewicht. Mein Gemüt ist Gottes Gemüt und es ist vollkommen. Gottes Ideen entfalten sich ständig in mir und bringen mir Harmonie, Gesundheit und Frieden. Ich weiß: Der Geist der Wahrheit führt mich zu aller Wahrheit. Ich bin ruhig und gelassen, im Wissen, daß Gott ist – und alles, was ist, ist Gott. Ich strahle den Sonnenschein der Liebe Gottes aus. Liebe ist des Gesetzes Erfüllung, und ich kontempliere das Gesetz.

LOSLASSEN

Ich entspanne mich jetzt und lasse los. Ich bin im Frieden. Der Frieden, der alle Vernunft übersteigt, erfüllt mein Gemüt. Frieden ist in meinem Haus, meinem Herzen, und allen meinen Angelegenheiten. Ich lasse vollkommen los, denn ich weiß, daß da eine Macht auf mich reagiert, noch während ich spreche. Diese Macht durchströmt mich; sie vitalisiert jedes Atom meines Seins. Ich strahle guten Willen auf die gesamte Menschheit aus. Meine Gedanken sind Gottes Gedanken, und die Macht Gottes ist in meinen guten Gedanken. „Sei still und wisse, daß ich Gott bin." Ich bin jetzt still, weil ich mir bewußt bin, daß die einzige Gegenwart und Macht in mir lebt. Ich bin im Frieden und alles ist gut. Friede, sei still. Ich sehe die Wahrheit; ich liebe die Wahrheit; ich kenne die Wahrheit. Ich weiß: Im Frieden und im Vertrauen liegt meine Stärke. Sein Leben, seine Liebe und seine Wahrheit durchströmen mich jetzt, und ich sage Dank, daß „es getan ist".

HALTUNG UND GLEICHGEWICHT

Mein Gemüt ist mit Frieden, Haltung und Gleichgewicht erfüllt. Eine tief innere Serenität hat von mir Besitz ergriffen. Ich bin jetzt ganz ruhig; ich bin erfüllt von einem Gefühl des Friedens und göttlicher Gerechtigkeit. Es gibt eine göttliche Lösung für alle meine Probleme; ich sage Dank. Ich weile an dem geheimen Ort des Höchsten und ruhe im Schatten des Allmächtigen. Er ist meine Zuflucht und meine Rettung. „Mein Gott; in ihn will ich vertrauen." Voller Freude empfange ich Gottes Ideen; ich bin im Frieden. Ich weiß, daß unendliche Intelligenz mich führt und leitet, auf allen meinen Wegen. Ich bin ein Sohn des lebendigen Gottes, und alles, was der Vater hat, ist mein. Ich kenne die Wahrheit, ich liebe die Wahrheit, und ich erfreue mich der Wahrheit. Der Geist der Wahrheit geleitet mich jetzt in alle Wahrheit. Ich denke immer richtig. Ich reflektiere göttliche Weisheit und göttliche Intelligenz. „Mit meinen Augen auf dich gerichtet, ist nichts Übles auf meinem Pfad." Meine Augen sind auf das Gute gerichtet, und alles Gute ist mein. Ich höre die Stimme Gottes; ich bin im Frieden.

EINE SPIRITUELLE BEHANDLUNG

Alles ist Geist und Manifestation des Geistes. Mein Leben ist Gottes Leben; ich bin jetzt vollkommen. Alle meine Organe sind Ideen Gottes. Sie betreuen und fördern mich. Ich bin ein spirituelles Wesen: Ich bin eine vollkommene Widerspiegelung des vollkommenen Gottes. Ich fühle und weiß, daß ich in jeder Weise vollkommen bin; ich bin spirituell, göttlich und heilig. Ich bin eins mit meinem Vater, und mein Vater ist Gott. Ich bringe Harmonie, Frieden und Freude zum Ausdruck. Alles Wachstum in meinem Körper und in meinen Angelegenheiten wird von der unendlichen Intelligenz beherrscht, dem aktiven, all-weisen, gesetzestreuen Prinzip, Gott genannt. Ich gehe auf in der heiligen Allgegenwart, und jedes Atom, alles Gewebe, jeder Muskel und Knochen meines Seins sind vom Glanz des grenzenlosen Lichts überflutet. Mein Körper ist Gottes Körper; ich bin heil und vollkommen. Ich bin eins mit Gott. Mein Gemüt ist überflutet von dem Frieden, der jede Vernunft übersteigt, und alles ist gut. Ich danke dir, Vater.

AUSDRUCK DER WAHRHEIT

Ich bin mir klar bewußt: Wenn ich spreche, dann ist es Gott, der durch mich spricht. Gott spricht durch den Menschen. Meine Worte sind „Äpfel aus Gold in Bildern aus Silber." „Meine Worte sind Geist und sie sind Leben. Meine Worte sind Geist und sie sind Wahrheit." Ich kenne die Wahrheit, und die Wahrheit macht mich frei. Meine Worte sind voller Leben, Liebe und Gefühl. Wenn ich spreche, dann vermittle ich Freude und Glück an alle. Ich bin ein Botschafter Gottes; ich bringe allen Gutes; ich spreche in Frieden. Gottes Ideen entfalten sich ständig in mir und bringen mir Harmonie, Freude und Frieden. Ich drücke mich machtvoll aus – machtvoll und vertrauensvoll. Ich bin der vollkommene Ausdruck, die vollkommene Artikulation der Wahrheit. Ich spreche die Wahrheit, ich liebe die Wahrheit, und ich kenne die Wahrheit. Unendliche Intelligenz spricht jetzt durch mich. Ich bestimme jetzt etwas, und es wird sich verwirklichen. Danke, Vater.

SPIRITUELLE MEDIZIN

„Ein fröhliches Herz ist wie eine gute Medizin, aber ein bedrücktes Gemüt vertrocknet die Gebeine." Ich bin immer froh, aktiv und energisch. Ich strahle Gottes Gedanken auf meine Mitmenschen aus und vermittle ihnen Frieden, Freude und Glück. „In deiner Gegenwart ist Freude die Fülle; zu deiner Rechten ist ewige Wonne." „Die Freude des Herrn ist meine Stärke." Ich bin immer heiter, frei und glücklich. Ich besitze absolute Herrschaft über alle Dinge in meiner Welt; ich spüre mein Einssein mit Gott, dem Leben, dem Universum und allen Dingen. Ich bin emotionell in vollkommenem Gleichgewicht. Ich meditiere über alles was lieblich, gut, wunderbar und gottgleich ist. Der Friede Gottes ist jetzt mein, und ich rühre die Gottesgabe in mir auf – die Freude. Ich bin ein Sohn des lebendigen Gottes, und „alle Söhne Gottes jauchzen vor Freude!"

MEIN GLAUBE HEILT MICH

Ich bin spirituell. Ich vertraue auf Gott und das Gute. Ich liebe nur das Gute. Ich bin das Bewußtsein Gottes und reflektiere seine Vollkommenheit, seine Ganzheit, seine Perfektion. Ich reflektiere die Vollkommenheit Gottes in jedem Atom meines Seins. Mein Herz ist froh; es „macht das Angesicht heiter". Mein Körper ist Gottes Körper; er ist jetzt vollkommen. In jedem Bereich meines Lebens bringe ich Harmonie, Gesundheit und Frieden zum Ausdruck. Das Licht Gottes scheint durch meine Augen; ich sehe die Wahrheit in ihrer ganzen Vollkommenheit. Mein Leben ist Gottes Leben; es ist jetzt vollkommen. Es durchströmt mich freudig, harmonisch und friedvoll. Die Liebe Gottes quillt in mir auf; ich bringe vollkommene Gesundheit zum Ausdruck. Ich bin von Freude und Glücksgefühl erfüllt; ich bin von Glauben und Vertrauen erfüllt. Mein Glauben ist meine innere Überzeugung, daß ich gesund und vollkommen bin. Gott ist das ewige Jetzt; mein Gutes habe ich jetzt, in diesem Augenblick. Mein Glaube hat mich geheilt.

GOTTVERTRAUEN

Jesus sagte: „Dein Glaube hat dich geheilt." Mein Glaube ist meine innere Überzeugung, daß Gott ist, und alles, was ist, Gott ist. Voller Freude erwarte ich nur das Beste; ich weiß, nur Gutes kann zu mir kommen. „Glaube ist die Substanz der erhofften Dinge, der Beweis der Dinge, die nicht gesehen sind." Obgleich ich das, was ich haben will noch nicht sehen kann, weiß ich doch, daß alle Dinge aus dem selbst-erschaffenden Geist in mir hervorgehen. Ich wende mich jetzt an Gott; ich denke an seine Eigenschaften, Attribute und Aspekte. Ich bin mir bewußt, daß sich alle diese Eigenschaften in mir befinden. Während ich seine Gegenwart kontempliere, bin ich mir bewußt, daß Frieden, Ordnung, Freude, Liebe, Vollkommenheit und Reinheit mein Gemüt und meinen Körper durchfließen. Ich freue mich über diese Erkenntnis und sage Dank, daß es so ist. Ich spüre mein Einssein mit Gott, mit dem Leben, mit dem Universum und mit allen Menschen. Ich vertraue auf das Gesetz des Guten. Recht ist Macht. Ja, das Gesetz des Guten, recht angewandt ist machtvoll. Gott ist die alles beherrschende Macht. Ich visualisiere die Dinge, die ich haben will, als ob sie bereits vorhanden wären und das Unsichtbare tritt in Erscheinung.

GESUNDHEIT

Gott spricht und bewegt sich in mir. Er ist mein Gott und er ist vollkommen. Der Geist in mir ist immer vollkommen, heil, glücklich und vollständig in sich selbst. Ich reflektiere jetzt die Herrlichkeit und Schönheit des vollkommenen Gottes. Das Licht des ewigen Einen scheint durch mich auf alle Menschen um mich herum; jedes Atom meines Seins tanzt zum Rhythmus des ewigen Gottes. Mein Herz ist fröhlich; es macht eine frohe Miene. Meine Worte sind wie Honigwaben; sie sind süß für meine Seele und Gesundheit für meine Knochen. Das Licht Gottes scheint durch meine Augen; die Liebe Gottes quillt in meinem Herzen auf. Ich weiß, daß ich alle Dinge durch den Christus in mir tue, der mich stärkt. Mein Körper ist Gottes Körper; er ist jetzt vollkommen. Das göttliche Selbst in meinem Innern gibt mir – jetzt, in diesem Moment – vollkommene Gesundheit, Glück und Harmonie. Gott hält mich in vollkommenem Frieden. „Vater, ich danke dir, daß du mich erhört hast. Und ich weiß, daß du mich immer erhörst.“

ÜBERWINDUNG VON ZWEIFELN

Ich kenne die Wahrheit, die mich frei macht. Gott ist die Wahrheit, und ich gebe der Wahrheit in jeder Weise Ausdruck. Ich zweifle nicht an meinen Angehörigen oder Freunden. Jeder von ihnen gibt Gott Ausdruck; ich erblicke den Christus in ihnen allen. Ich lasse sie frei, denn ich weiß, wir alle gehören zu Gott. Göttliche Liebe in mir sagt mir, daß ich nichts als göttliche Liebe empfangen werde. Ich vertraue meinen Freunden, weil ich dem Gott in ihnen vertraue. Ich lasse jedes Gefühl von Egoismus und Besitzgier los. Ich weiß: Göttliche Liebe in mir erblickt göttliche Liebe in meinen Freunden. Ich grüße die Göttlichkeit im anderen; ich bin im Frieden. Ich kenne und verstehe die Wahrheit des Seins. Ich glaube nur an das Gute. Es gibt nichts als Gott und seine Welt. Ich bin von Gott beherrscht. In meiner Umgebung gibt es nur vollkommene spirituelle, göttliche Wesen. Die Arbeit mit anderen bereitet mir Vergnügen. Es bereitet mir Freude, Gottes Ideen Ausdruck zu geben. Voller Freude empfange ich Gottes Ideen dafür. Ich bin voller Freude und Glück, denn ich bin die unendliche Freude Gottes. Alle meine Mitarbeiter sind meine Brüder und Schwestern. Ich segne sie alle. Ich weiß, daß sie auf jede Weise gefördert werden. Ich bin voller Glauben und Vertrauen.

FURCHTAUSTREIBUNG

Ich habe absolutes Vertrauen in Gott; ich erwarte das Beste; ich weiß: Nur Gutes kann zu mir kommen. Göttliche Liebe in mir treibt alle Furcht aus; ich bin im Frieden. Ich erblicke die Gegenwart Gottes überall; ich bin absolut furchtlos; Gott ist immer bei mir. Wenn Gott für mich ist, wer kann dann wider mich sein? Ich weiß: Einer für sich ganz allein mit Gott stellt die absolute Mehrheit dar; diese Erkenntnis heilt mich und befreit mich von jeglicher Furcht. Nur Gottes Gedanken kommen zu mir; diese Gedanken entfalten sich unentwegt und bringen mir Harmonie, Freude, Frieden und Erfolg. Ich bin das Bewußtsein Gottes; ich bin umhüllt von göttlicher Liebe. Ich denke richtig, bei jeder Gelegenheit. Gottes Macht ist mit meinen Gedanken des Guten. Seine Liebe, sein Leben und seine Wahrheit durchströmen mich; ich bin eingetaucht in seine heilige Allgegenwart. Ich bin immer umgeben vom unendlichen Frieden Gottes. Ich bin erfüllt von göttlichem Verständnis. Göttliche Liebe geht vor mir her und macht meinen Weg eben, vollkommen und freudvoll. Gott spricht durch mich; ich weiß: ich bin eins mit meinem Vater; mein Vater ist Gott. Ich habe Vertrauen in Gott; deshalb fürchte ich micht nicht. „Fürchte dich nicht, du kleine Herde, denn es ist eures Vaters Wohlgefallen, euch das Reich zu geben."

ÜBERWINDUNG VON GROLLGEFÜHLEN

Alle Menschen sind meine Brüder – das weiß ich. Wir alle haben einen gemeinsamen Vater. Ich sehe den lebendigen Christus in jedem Menschen, den ich treffe. Ich grüße die Göttlichkeit in jeder Person. Die Liebe Gottes strömt von mir aus, auf die ganze Menschheit. Ich segne alle, die mich kritisieren. Ich bete für alle, die schlecht von mir reden. Ich freue mich, wenn ich andere erfolgreich sehe. Sie alle löse ich jetzt und lasse sie in Frieden gehen. Ich öffne die Fenster meines Gemüts; ich lasse den Einfluß des heiligen Geistes herein. Ich bin jetzt gereinigt und vollkommen. Ich bin im Frieden. Die Liebe Gottes erfüllt mein Gemüt; alles ist gut. Ich reflektiere die Liebe Gottes; ich bin jedem gegenüber absolut liebevoll. Ich bin mir der Gegenwart Gottes überall bewußt, denn Gott ist über allem, in allem, durch alles. Ich weiß, daß Gott in den Gemütern und Herzen aller am Werk ist. Es ist wundervoll!

ÜBERWINDUNG VON TRAUER

Der Mensch ist ein spirituelles Wesen und lebt ewig. Es gibt keinen Tod; alles ist Leben. Gott ist Leben, und dieses Leben ist jetzt mein Leben. Dieses Leben kann ich nicht verlieren. Ich höre jetzt auf damit, über den Verlust geliebter Menschen zu trauern, denn ich weiß, sie leben ewig. Wo Gott ist, da gibt es kein Übel – da ist nur Gott. Ich bin nicht getrennt von meinen Lieben, denn es gibt nur ein Gemüt und einen Gott. In ihm leben wir, in ihm bewegen wir uns, und in ihm haben wir unser Sein. Wir alle sind Ausdruck des einen Seins – der einen Bewußtsheit. Ich bin jederzeit in Kontakt mit meinen Lieben, denn Geist ist allgegenwärtig. Jeder Gedanke, der mir kommt, kommt von Gott; diese Ideen reflektieren seine Schönheit und Wahrheit, und sie stimmen mich absolut froh. „Die Söhne Gottes jauchzten vor Freude." Ich halte mich jetzt in freudiger Stimmung, um Gottes Wahrheit zu empfangen. „In deiner Gegenwart ist Freude die Fülle." Nur Gottesgedanken kommen zu mir und meinen Lieben – alles ist gut.

ÜBERWINDUNG VON RATLOSIGKEIT

Alle Dinge wurden erschaffen, durch Selbst-Kontemplation des Geistes. Diese Wahrheit mache ich mir jetzt bewußt, und ich bin im Frieden. Frieden ist die Kraft am Herzen Gottes. Mein Selbst ist der lebendige allmächtige Geist. Ich bin angefüllt mit unendlichen Innenkräften. Das Gottesselbst füllt mein Gemüt jetzt mit Gedanken der Schönheit, Vollkommenheit und Ausgeglichenheit. Ich besitze den Schlüssel zu Glück und Wachstum. Ich bin der Tempel Gottes; der Geist Gottes lebt in mir. Ich bin niemals ratlos, denn Gottes Ideen entfalten sich in meinem Gemüt in perfekter Folgerichtigkeit. Die Ideen Gottes stehen mir immer – ausnahmslos – zur Verfügung; sie betreuen und heilen mich. Ich bin göttlich inspiriert; meine einzigen Gedanken sind Gottes Gedanken – und die sind vollkommen, heil und schön. Mein Gemüt drückt Gelassenheit aus, Haltung, Gleichmut. Mein Gemüt ist das Gemüt Gottes. Gottes Ideen geben mir Freude, Glück, Frieden und Harmonie. „In deiner Gegenwart ist Freude die Fülle".

WAHRE FREUNDSCHAFT

Ich habe meinen Gefährten gefunden – es ist Gott. Er ist in meinem Herzen fest verankert. Er geht mit mir; er spricht mit mir; er sagt mir, daß ich ihm gehöre. Es ist wundervoll! In meinem Innern habe ich meine spirituellen Freunde gefunden; ihre Namen sind Liebe, Freude, Frieden, Sanftmut, Güte, Glaube, Selbstbeherrschung. Das sind die einzigen Freunde, auf die es ankommt. Sie repräsentieren den wahren allmächtigen Gott, der sich meiner Hülle bedient. Nachdem ich meine inneren Gefährten gefunden habe, ziehe ich jetzt durch das unfehlbare Gesetz die Menschen zu mir heran, die spirituell mit mir harmonieren. Ich strahle Freundschaft und Liebe auf die ganze weite Welt aus – auf die gesamte Menschheit! Ich liebe, und ich werde von Jedermann geliebt. Ich liebe die Menschen; ich habe ein vitales Interesse an ihrem Wohlergehen und an ihrem Glück. Ich bin mir bewußt: Alle Männer sind meine Brüder, alle Frauen meine Schwestern. Das Beste in mir gebe ich den Menschen; dafür empfinden sie Freude und Wohlbehagen durch meine Gegenwart. Durch das universelle Gesetz der Liebe ziehe ich wunderbare Freunde an. Gott ist Liebe. „Wer in der Liebe ist, der ist in Gott und Gott in ihm."

MEIN GÖTTLICHER GEFÄHRTE

Ich und mein Vater sind eins. Ich weiß, daß Gott mein eigentliches Leben ist. Ich fühle mich jetzt sicher, denn ich weiß, daß Leben, Liebe und Wahrheit Bestandteile meines innersten Seins sind. Ich bin niemals allein; Gott ist immer bei mir; „Sein Stab und sein Stecken trösten mich." Diese innere Gegenwart, das Gott-Selbst in meinem Innern ist ständig bei mir und spricht zu mir. Da ich meinen wahren und ewigen Gefährten in meinem Innern gefunden habe, kann ich auch niemals Mangel an äußeren Freunden haben. Gott ist die Fülle aller Dinge. Mein göttlicher Freund ist mir näher als der Atem; er ist mir näher als meine Hände und Füße. Ich strahle Liebe und Freundschaft auf die ganze weite Welt aus, und die Welt antwortet entsprechend. Ich bin liebevoll; ich bin freundlich. Ich habe jetzt einen wunderbaren Gefährten. Dieser Gefährte ist in jeder Hinsicht der passende – spirituell, mental und auch sonst. Es ist wunderbar! Die Liebe Gottes fließt durch meine Gedanken, Worte und Taten. Wie Innen, so Außen. Ich habe meinen göttlichen Gefährten in meinem Innern gefunden und erkenne ihn jetzt auch im Äußeren.

KAUFEN UND VERKAUFEN

Es gibt ein vollkommenes Gesetz von Angebot und Nachfrage – dessen bin ich mir bewußt. Deshalb praktiziere ich die goldene Regel in allen meinen Angelegenheiten. Ich habe Frieden. Was immer ich auch verkaufen möchte – es ist eine Idee im Gemüt Gottes. Das Prinzip der Allwissenheit ist in mir. Alles erforderliche Wissen ist auf der Stelle zur Hand. Alles, was ich kaufen oder verkaufen möchte, repräsentiert einen Austausch von Ideen des göttlichen Gemüts in meinem Innern. Ich weiß, daß es nur gegenseitige Zufriedenheit und Harmonie geben kann. Der Preis ist richtig; die Beteiligten sind richtig; alles ist in perfekter Ordnung. Ich kenne die Wahrheit; ich verstehe die Wahrheit – ich bin das Bewußtsein Gottes in Aktion. Alle benötigten Ideen entfalten sich beständig in meinem Innern – vollkommen in ihren Sequenzen und Kombinationen. Voller Freude empfange ich göttliche Ideen und reiche sie weiter an meine Mitmenschen. Ich empfange Ideen im Austausch dafür. In mir herrscht jetzt Frieden. Im göttlichen Gemüt gibt es keine Verzögerung. Ich nehme mein Gutes jetzt an.

GELD – EINE IDEE GOTTES

Geld ist eine Idee im göttlichen Gemüt, dessen bin ich mir voll bewußt. Es symbolisiert Wohlstand; ich erkenne es als geeignetes Tauschmittel. Alle Ideen Gottes sind gut. Gott hat alle Dinge erschaffen; er hat seine Schöpfung gut und sehr gut genannt. Geld ist gut; ich gebrauche es weise, sinnvoll und konstruktiv. Ich gebrauche es, um die Menschheit zu segnen. Es ist ein sehr zweckmäßiges Symbol; ich freue mich über seine Zirkulation. Gottes Ideen sind immer sofort verfügbar, wenn ich sie brauche. Geld ist jederzeit für mich vorhanden; ich habe immer einen göttlichen Überschuß. Gott ist die Quelle meiner Versorgung; er ist meine Versorgung jetzt; Reichtum aller Art kommt zu mir, in Lawinen des Überflusses. Es gibt nur einen Gott und ein Gemüt; jede Idee im Gemüt Gottes ist spirituell. Mein Verhältnis zum Geld ist ein freundliches. Geld ist symbolisch für Gottes Reichtum und seinen unendlichen Überfluß. Geld als Idee ist allgegenwärtig; ich bin eins mit allem Reichtum der Welt. Ich verwende es ausschließlich für Gutes. Ich danke dir, Vater, für deine Versorgung.

REICHTUM

Gott ist die Quelle meiner Versorgung, und ich bin jetzt eins mit diesem unendlichen Vorrat. Meinem Bedarf wird auf der Stelle begegnet, zu jeder Zeit und an jedem Ort. Ich demonstriere jetzt Überfluß in allen meinen Angelegenheiten. Ich bin Einlaß und Auslaß des Gottesgemüts. Ich bin furchtlos und frei. Ich beanspruche und fühle den Geist des Wohlstands. Freudig und liebevoll diene ich meinen Mitmenschen. Ich ziehe alles Gute an, durch das unfehlbare Gesetz der Anziehung. Ich habe keinen Mangel, denn Gott ist die Quelle von allem. Auf der Stelle verfüge ich jedesmal über alles, was ich benötige, denn ich bin ein spirituelles Wesen. Gott beherrscht und versorgt mich. Alle meine leeren Krüge bringe ich jetzt in das unendliche Lagerhaus in meinem Innern; das Gott-Selbst füllt sie alle; es ist immer ein göttlicher Überfluß vorhanden. Das göttliche Gesetz reagiert auf meinen Glauben; mein Vertrauen ist in Gott, und es ist wohlbegründet.

GÖTTLICHE FÜHRUNG

Alle existierenden Dinge sind nichts als eine kleine Welle auf der Oberfläche des Wassers, und alle sind von ein und derselben Substanz. Wir alle haben teil an den Eigenschaften des Wassers an sich – einem Spiegel meines Selbst für mich selbst. „Und er zeigte mir einen Strom des Wassers des Lebens, klar wie Kristall." Ich bin der Strom Gottes; von mir fließt Güte, Wahrheit und Schönheit. Ich verweile in einer Stadt des Friedens; diese Stadt ist mein Gemüt; die Menschen, die darin verweilen, meine Gedanken, sind Gottes Menschen, weil sie Gedanken Gottes sind. Gottes Macht ist mit meinen Gedanken des Guten. Unendliche Intelligenz leitet mich jetzt in Gedanken, Worten und Taten. Ich bin ein vollkommener Kanal für das Göttliche. Ich fühle, ich weiß, und ich glaube, daß mein Gott-Selbst meinen Pfad erleuchtet. Göttliche Weisheit inspiriert, führt, beherrscht und geleitet mich in alle Wahrheit. Ich bin jetzt eins mit Gott; alles ist gut. Ich liebe die Stimme des heiligen Einen in mir; es ist die Stimme meines Vaters, und mein Vater ist Gott.

WIE ICH MIR MEINEN WUNSCH ERFÜLLE

Mein Wunsch ist die Stimme Gottes, die zu mir spricht. Er ist das Murmeln und Flüstern meines Herzens. Ich weiß, daß mit Gott alle Dinge möglich sind. Gott ist mein tieferes Selbst – der formlose, unsichtbare Geist in mir. Da ich mir meines Wunsches bewußt bin, weiß ich auch, daß seine Erfüllung im Unsichtbaren bereits vollendete Tatsache ist. Ich weiß: Die Erfüllung ist mein – jetzt, in diesem Augenblick. Ich nehme sie im Bewußtsein an. Ich habe meinen Wunsch jetzt dem schöpferischen Gesetz übergeben, der Quelle aller Schöpfung. Das schöpferische Gesetz ist in meinem Innern; es ist mein Unterbewußtsein. Ich weiß: Wenn eine Idee oder ein Wunsch dem Unterbewußtsein aufgeprägt worden ist, dann müssen sie sich im Äußeren manifestieren, bewirkt durch den emotionalisierten Gedanken. Fühlen ist das Gesetz und das Gesetz ist Fühlen! Ich fühle, daß ich jetzt das bin und habe, was ich mir ersehne. Ich kontempliere jetzt meinen Wunsch und erhalte die zufriedenstellende Reaktion. Ich freue mich im Gefühl des Besitzes. Mein ganzes Sein ist glücklich über die Realität des erfüllten Wunsches. Ich bin im Frieden. Ich freue mich und sage Dank, denn „es ist vollbracht“.

MEIN WAHRER PLATZ

Meine Arbeit ist vollkommen. Ich repräsentiere immer Gottes Ideen. Ich bin Gottes Bewußtsein; mein Gemüt ist Gottes Gemüt. Ich bin die Aktivität Gottes; ich bin vollkommener Selbstausdruck. Ich kenne das vollkommene Gesetz von Angebot und Nachfrage. Ich bin auf der Stelle in Verbindung mit allem, was ich benötige. Ich bin jetzt an meinem wahren Platz; ich gebe von meinen Talenten auf wunderbare Weise. Ich werde dafür göttlich entlohnt. Mein Gott ist das Prinzip alles Wissens. Ich weiß auf der Stelle alles, was ich zu wissen benötige. Ich bin eins mit meinem Vater, und mein Vater ist Gott. Ich reflektiere immer die Herrlichkeit, die Liebe, und die Aktivität Gottes. Ich tue das, was ich gern tue. Mein Platz ist immer mit Gott; ich bin eins mit ihm – jetzt und immer. In mir quillt Freude über diese Erkenntnis auf. Vater, ich danke dir für meinen wahren, vollkommenen Platz. Alles ist gut.

VOLLBRINGEN

„Mit Gott ist nichts unmöglich." Die Allmacht ist in mir; ich bin eins mit aller Macht, die es gibt. Alle Wahrheit ist das Wort Gottes. Ich spreche die Wahrheit; ich erfreue mich der Wahrheit. Ich erkenne ihn; mein Gemüt ist auf ihn gerichtet. Ich fühle, wie die allmächtige Kraft mich jetzt durchströmt. Sie macht mich heil und vollkommen. Ich reflektiere Leben; ich habe alle Macht und Stärke. Die Freude des Herrn ist meine Stärke. Ich individualisiere jetzt die unendliche Macht seiner unendlichen Liebe. Ich bringe die unerschöpfliche Energie Gottes zum Ausdruck. Alles ist Geist und Manifestation des Geistes. Dein, o Herr ist die Größe, die Macht, die Herrlichkeit, der Sieg und die Majestät. Ich bin stark im Herrn und in der Macht seiner Stärke. Gottes Handeln erstreckt sich auf jeden Bereich meines Lebens; es ist das Prinzip des Guten. Der ewige Gott in mir ist der Schöpfer der Erde. Er ruht niemals und erschöpft sich nicht. Ich erkenne diese eine Macht; ich vereinige mich bewußt mit ihr. Ich bin glücklich, daß ich vollkommen bin.

HÖHER STEIGEN

Es gibt keinerlei Furcht in der Liebe. „Vollkommene Liebe treibt die Furcht aus." Ich verfüge jetzt über ein tief inneres Verständnis und bin damit Meister über alle Umstände und Gegebenheiten meines Lebens. Ich übe unumschränkte Herrschaft aus. Ich kontempliere die göttliche Gegenwart in mir; ich habe klar erkannt: Sein Leben, seine Liebe, seine Freude durchströmen mich. Ein neuer Schwung ist in meinen Schritten, ein neues Leuchten in meinen Augen. Ich bin erleuchtet vom Licht des Einen, der ewig ist. Ich verweile in der Liebe. Ich bin auf eine höhere Bewußtseinsstufe erhoben. Ich spüre die Schönheit und Herrlichkeit Gottes in meinem Innern. Die Liebe wird mich heute in Frieden und Harmonie halten. Ich fühle den Rhythmus des Universums; jedes Atom meines Seins tanzt zum Rhythmus des ewigen Gottes. Meine Vision ist auf Licht, Liebe und Wahrheit gerichtet; auf allen meinen Wegen werde ich göttlich geführt. Meine Augen sind auf Gott gerichtet und meine Wahrnehmung ist jetzt vollkommen. Ich sehe Gott überall. „Siehe, ich komme und werde in deiner Mitte wohnen, sagt der Herr."

DAS GESETZ DES ERFOLGS

Ich bin das Bewußtsein Gottes in Aktion. Ich weiß, daß Gott durch mich wirkt, denn Gott wirkt immer durch den Menschen. „Das Gesetz des Herrn ist vollkommen." Alle meine Aktivitäten zeitigen perfekte Ergebnisse. Meine Arbeit ist immer erfolgreich, denn sie ist Gottes Arbeit und daher göttlich vollkommen. Alles, was ich brauche, kommt mir auf der Stelle zu, denn ich werde von Gott beherrscht und versorgt. Ich weiß daher immer, wie ich mir alles Nötige verschaffen kann. „Mein Gott erfülle alle eure Nöte, nach seinem Reichtum in Herrlichkeit." Ich bin erfüllt mit Frieden, Harmonie und Freude. Ich strahle göttliche Liebe auf die ganze Menschheit aus. Ich habe mich jetzt mit dem Erfolg identifiziert; durch ein unfehlbares Gesetz ziehe ich jetzt die Umstände, Bedingungen, Ideen, Finanzen und alles Erforderliche für die Entfaltung meiner Pläne an. Auf allen meinen Wegen bin ich göttlich geführt. Gott fördert mich – in meinem Gemüt, meinem Körper und allen meinen Angelegenheiten. Wenn ich mich des Abends zur Ruhe begebe, fühle ich mich glücklich und erfolgreich. „Den Seinen gibt's der Herr im Schlaf." Danke, Vater.

DER PROGRESSIVE GEIST

„Die ihn anbeten, müssen ihn im Geist und in der Wahrheit anbeten." Ich kontempliere jetzt die Tatsache, daß die unendliche Intelligenz in mir wohnt. Die universelle Güte ist überall aktiv und präsent: Ich bin eins mit Gott, mit dem Leben, dem Universum – mit allen Dingen. Gott übernimmt das Handeln jetzt in allen meinen Angelegenheiten. Ich werde gefördert – geistig, körperlich, und in allen anderen Bereichen meines Lebens. Ich habe begriffen: Das Gesetz des Lebens ist ein Gesetz des Wachstums; ich wachse spirituell auf wunderbare Weise. Ich bin in Harmonie mit dem Unendlichen – Gott ist mein Partner. Erfolg ist jetzt mein, denn ich habe mich mit Erfolg und Wohlstand identifiziert. Ich freue mich, wenn ich alle Menschen wachsen sehe. Ich freue mich über den Erfolg aller anderen. Der Geist des Guten geht von mir aus und berührt die gesamte Menschheit. Ich bin voller Vertrauen und Frieden. Ich bin erleuchtet vom Licht in mir. Göttliches Verständnis ist eine Leuchte zu meinen Füßen, und unter mir sind die ewigen Arme.

AUGEN UND OHREN

Ich bin der Herr, der mich heilt. Meine Sehkraft ist spirituell, ewig und eine Eigenschaft meines Bewußtseins. Meine Augen sind göttliche Ideen und funktionieren immer perfekt. Mein Gewahrsein der spirituellen Wahrheit ist klar und kraftvoll. Das Licht des Verständnisses dämmert in mir; mit jedem Tag erkenne ich mehr und mehr von Gottes Wahrheit. Ich sehe spirituell; ich sehe mental; ich sehe physisch. Überall erblicke ich den Ausdruck von Wahrheit und Schönheit.

Die unendliche Heilungsgegenwart stellt jetzt – in diesem Moment – meine Sehkraft wieder her. Meine Augen sind vollkommene göttliche Instrumente. Sie befähigen mich, Botschaften von der inneren und der äußeren Welt zu empfangen. Die Herrlichkeit Gottes wird mir in meinen Augen offenbar.

Ich höre die Wahrheit; ich liebe die Wahrheit; ich kenne die Wahrheit. Meine Ohren sind Gottes vollkommene Ideen. Sie funktionieren jederzeit vollkommen verläßlich. Meine Ohren sind die perfekten Instrumente, die mir die Harmonie Gottes hörbar werden lassen. Die Liebe, Schönheit und Harmonie Gottes durchfließen meine Augen und Ohren; ich bin in Harmonie mit dem Unendlichen. Ich höre die leise flüsternde Stimme Gottes in mir. Der heilige Geist belebt mein Gehör, und meine Ohren sind offen und frei.

DIE MACHT GOTTES

Die erhebende, heilende, stärkende Macht der heilenden Gegenwart stellt jetzt jedes Organ meines Körpers wieder her. Gott in meinem Innern hat die Macht, zu heilen, zu stärken, zu reinigen, zu vitalisieren, und mich in jeder Weise vollkommen zu machen.

Ich habe völliges Vertrauen in den heiligen Geist – die Gegenwart Gottes in mir. Ich weiß, daß diese göttliche Gegenwart alle meine Angelegenheiten in göttliche Ordnung bringt. Ich habe „den neuen Menschen angezogen, der nach Gott geschaffen ist, in wahrhafter Gerechtigkeit und Heiligkeit".

Das Leben Gottes manifestiert sich jetzt in meinem Fleisch – dessen bin ich mir bewußt. Ich erblicke Gott in meinem gesamten Sein; ich erkläre, daß die Harmonie Gottes sich jetzt in mir manifestiert, als Kraft, Reinheit, Schönheit, Gesundheit, Vollkommenheit und ewiger Jugend.

Die verjüngende Macht des Geistes ist jetzt in jeder Fiber und Zelle meines Wesens am Werk. Sie macht mich heil, rein, frisch und strahlend mit göttlichem Leben und Vollkommenheit. In jedem Augenblick meines Lebens werde ich stärker, gesünder, glücklicher und jugendlicher. Die unermüdliche, vitalisierende Energie Gottes durchströmt mich jetzt; ich fühle mich wunderbar.

NEUES GEWAHRSEIN

Der Herr ist mein Licht und mein Heil, vor wem sollte ich mich fürchten? Der Herr ist meines Lebens Zuflucht, vor wem sollte ich mich erschrecken? – Psalm 27:1

Bejahen Sie täglich mit tiefer Empfindung: Ich habe eine neue, starke Überzeugung von der Gegenwart Gottes, die mich entzückt, verzaubert und unbewegt hält. Und ich bin heiter, sicher und furchtlos. Ich weiß: Es gibt nichts zu fürchten – nichts, was mir vorenthalten werden kann, denn Gott ist alles, was ist und überall gegenwärtig. In ihm lebe ich, in ihm bewege ich mich, und in ihm habe ich mein Sein; deshalb bin ich frei von jeglicher Furcht. Gottes Liebe umgibt mich. Sein goldener Fluß des Friedens durchfließt mich und alles ist gut. Ich habe keinerlei Furcht vor Menschen, Zuständen oder Begebenheiten, denn Gott ist bei mir. Gottvertrauen erfüllt meine Seele, und ich habe keine Furcht. Ich verweile in der Gegenwart Gottes, jetzt und für immer, und keine Furcht kann mich berühren. Ich habe keine Angst vor der Zukunft, denn Gott ist bei mir. Er ist meine Zuflucht – ich bin von der gesamten Rüstung Gottes umgeben. Gott hat mich erschaffen, und er ist es, der mich auch erhält. Gottes Weisheit führt und leitet mich, deshalb kann ich nicht fehlgehen. Ich feiere jetzt das neue Jahr (die Überzeugung von Gottes Gegenwart), weil ich in meinem Herzen die große Wahrheit kenne: „Näher ist er als der Atem, näher als Hände und Füße."

VERWEILEN MIT GOTT

Ich lebe im Zustand des Gewahrseins. Es ist das Bewußtsein des inneren Friedens, der Freude, der Harmonie und des guten Willens für alle Menschen. Ich weiß: Mein wahres Vaterland ist kein geographischer Ort. Es ist vielmehr ein Ort zum Verweilen. Ich verweile an dem geheimen Ort des Höchsten; ich ruhe im Schatten des Allmächtigen; wo ich gehe und stehe bin ich mit Gott, an allen Tagen meines Lebens. Ich weiß: Es gibt nur eine heilige Familie – und das ist die Menschheit. *Gott erhebt sich, seine Feinde werden zerstreut.* – Psalm 68:1

Ich weiß: Meine einzigen Feinde sind Furcht, Unwissenheit, Aberglaube, Kompromisse und andere falsche Götter. Ich werde diesen Feinden keinen Raum in meinem Gemüt geben. Ich weigere mich, negativen Gedanken Einlaß in mein Gemüt zu geben.

Ich inthronisiere Gott und seine Liebe in meinem Gemüt. Ich denke, fühle und handle aus der Sicht göttlicher Liebe. Im Geist berühre ich jetzt die göttliche Kraft; sie bewegt sich durch mich hindurch; sie bewegt sich um meinetwillen; ich fühle mich unbezwingbar. Frieden beginnt mit mir. Ich spüre, wie Gottes Fluß des Friedens mich jetzt durchfließt.

Ich erkläre: Die Liebe Gottes durchdringt die Herzen aller Menschen. Gott und seine Weisheit beherrscht, leitet und regiert mich und alle Menschen – wo sie auch sein mögen. Gott inspiriert mich, unsere Staatsmänner und die Regierungen aller Nationen, seinen – und nur seinen Willen zu tun. Der Wille Gottes ist Harmonie, Frieden, Freude, Schönheit und Vollkommenheit. Es ist wundervoll!

DISZIPLINIEREN DES GEMÜTS

...fand es sich ... daß sie vom heiligen Geist schwanger war. – Mat. 1:18

Der *Heilige Geist* bedeutet Heiliger (heiler) Geist oder Gott, der in den unterbewußten Tiefen aller Menschen wirksam ist. *Josef* ist Ihr wachbewußter, auswählender, willensmäßiger Verstand. *Maria* repräsentiert Ihr tieferes Bewußtsein mit den Eigenschaften, Attributen und Kräften Gottes. Josef, das Wachbewußtsein, sollte immer Führer und Beschützer des heiligen Kindes sein – Ihres Gewahrseins der Gegenwart und Macht Gottes in Ihrem Innern. Ihr Gedanke ist Josef und Ihr Gefühl, Ihre Emotion ist Maria. Wenn diese Beiden sich in Frieden und Harmonie vereinigen, ist Ihr Gebet beantwortet; das ist Gott in Aktion. Das ist die Wirkungsweise Ihres Gemüts, und die Erkenntnis dieser Wahrheit ist die Geburt des heiligen Kindes oder der Weisheit in Ihrem Innern. Trachten Sie deshalb immer danach, eine harmonische, synchrone und freudvolle Beziehung zwischen Ihrem wachbewußten Verstand und Ihrem Unterbewußtsein aufrechtzuerhalten – dann werden Sie immer Gesundheit, Frieden, Kraft und Sicherheit hervorbringen. Halten Sie den richtigen Gedanken im Gemüt fest; dann werden Sie in Ihrem Herzen das richtige Gefühl hervorrufen. Die Vereinigung von Denken und Fühlen repräsentiert das verehelichte Paar in Ihrem Innern; wenn die Vereinigung vollzogen wurde, kommt das dritte Element *Frieden* (Gott) hinzu, und Sie erleben die Freude des beantworteten Gebets. Lassen Sie Ihr Herz zu einem Kelch werden – angefüllt mit der Liebe Gottes, zu einer Krippe für die Geburt gottgleichen Denkens; das Resultat ist ein Kind (Ausdruck), das Gott auf Erden ist.

DAS DANKBARE HERZ

Einer aber von ihnen, der sah, daß er geheilt worden war, kehrte zurück, indem er mit lauter Stimme Gott pries, warf sich auf sein Angesicht zu seinen Füßen und dankte ihm. – Luk. 17:15,16.
Betet ohne Unterlaß, danket bei allem! – 1. Thess. 5:17,18.

Ich gebe der Gottesgegenwart in mir höchste Anerkennung und danke ehrlich und aufrichtig für alle erhaltenen Segnungen. Ich sage Dank für alles Gute in meinem Leben; ich lebe in dem Gefühl dankbarer Freude. Mein dankbares Herz rührt die zauberhafte Saiten des göttlichen Widerklangs an. An jedem Tag meines Lebens gebe ich meiner tiefen Dankbarkeit Ausdruck für meine Kenntnis der Gesetze und Wirkungsweise des Geistes. Ich weiß: Dankbarkeit ist zunächst eine Bewegung des Herzens, und erst dann eine Bewegung der Lippen. Mein erhobenes Herz öffnet die Schatzkammer der Unendlichkeit in mir und erlebt in Glauben und Vertrauen die Erfüllung meiner Bejahungen. Ich bin wahrhaft dankbar, denn ich habe Gott in meiner Mitte gefunden. „Ich suchte den Herrn, und er erhörte mich und befreite mich von aller Furcht." Ein Mensch mit dankbarem Herzen ist immer auf das Unendliche eingestimmt. Deshalb kann er die Freude nicht unterdrücken, die aus der Kontemplation Gottes und seiner heiligen Gegenwart erwächst. Sagen Sie Dank für alles – jederzeit.

GEDANKENKRAFT

Der Mensch ist, was er den ganzen Tag lang denkt. „Wie der Mensch in seinem Herzen denkt, so ist er." Hegen Sie Ihren Gedanken gegenüber einen gesunden Respekt. Ihre Gesundheit, Ihr Glück, Ihr Erfolg und Ihr Seelenfrieden hängen weitgehend von Ihrem Gewahrsein der Gedankenkräfte ab. Gedanken sind Dinge und sorgen für ihre eigene Verwirklichung. Ihr Denken ist eine definitive Kraft. Wenn Sie einen Gedanken hegen, dann geben Sie damit seine latente Kraft frei, um in Aktion zu treten.

Denken Sie nur an wahre, liebliche, erhebende und gottgleiche Dinge, und seien Sie sich der absoluten Überlegenheit und Autorität Ihrer Gedanken bewußt. Sie müssen absolutes Vertrauen in Ihr Denken haben – nicht nur als Ihr ureigenstes Denken, sondern als eine Macht an sich; damit machen Sie Ihre Bejahungen wirksam.

Das Gewächs ist in der Saat enthalten. Der Eichbaum befindet sich bereits in der Eichel. Die Saat hat ihre eigenen mathematischen und mechanischen Regeln und ihre eigene Weise des Ausdrucks; gleichermaßen *ist* der Gedanke die Kraft; nicht Sie sind es, der ihm die Kraft gibt. Machen Sie sich das bewußt, und Sie werden frei von Streß und Verkrampfung. Vertrauen in die Macht Ihres Gedankens ist die Aktion Gottes in Ihnen – und „Er geht niemals fehl".

Bewegen Sie sich vorwärts und aufwärts. Erkennen Sie die absolute Überlegenheit der spirituellen Macht und der Autorität Ihres Denkens. So erzielt man herrliche Resultate. Dieses Wissen steigert Ihr Vertrauen und befähigt Sie, Ihr Leben in den Griff zu bekommen. Sie erfahren die Freude des beantworteten Gebets.

SPANNUNGEN LÖSEN

Der Herr ist mein Licht und mein Heil,
vor wem sollte ich mich fürchten?
Der Herr ist meines Lebens Zuflucht,
vor wem sollte ich erschrecken?

Dieser eine Vers des 27. Psalms befreit uns von aller Furcht. Er enthüllt Ihnen den Ursprung aller Macht, Stärke und Weisheit. Er befähigt Sie, die Macht aller Äußerlichkeiten zurückzuweisen. Er nimmt Lasten von Ihren Schultern und geleitet Sie auf den herrlichen Weg zu Seelenfrieden, Gesundheit und Glück.

Der Herr ist die Gegenwart Gottes, das ICH BIN in Ihnen. In einfacher, psychologischer Sprache ausgedrückt: Der Herr ist Ihr Bewußtsein. Was ist Bewußtsein? Ihr Bewußtseinszustand ist die Art Ihres Denkens, Fühlens, Glaubens und Ihrer Überzeugungen. Die Ursache aller Ihrer Erfahrungen ist Ihr Denken und Fühlen.

Weigern Sie sich, Zuständen, Begebenheiten und Umständen der äußeren Welt irgendeine Macht einzuräumen. Ihr Denken ist es, das die Verursachung in Gang setzt. Ihr Denken ist Ursache; der Zustand ist niemals verursachend. Es gibt einfach keine Macht, welche die Allmacht herausfordern kann, deshalb gibt es nichts zu fürchten. Wenn Furchtgedanken in Ihr Gemüt eindringen, dann gehen Sie in Ihr Inneres – in Ihr göttliches Zentrum; denken Sie an Gott und seine Macht. Machen Sie sich bewußt: Es gibt nur eine einzige Macht, und Sie sind eins mit dieser Macht – jetzt. In dieser Stille kann nichts Äußeres Sie behindern, hemmen oder aufhalten. Denken Sie an neue und bessere Zustände – an die Dinge und Umstände, so wie Sie sie haben wollen. Seien Sie sich bewußt, daß es die Allmacht ist, die durch Sie denkt und sich durch Sie bewegt.

Die Auswirkung ist sicher und gewiß, denn es ist Gott in Aktion.

Gott ist der Name für die eine Macht, die in Ihrem Leben für Sie tätig ist. Diese Macht ist souverän und unteilbar – sie ist der höchste Eine. Sie ist selbst-bewegend. Diese Kraft inspiriert Sie, führt Sie, wacht über Sie, stärkt Sie und beschützt Sie auf Wegen, von denen Sie nichts wissen. Gott lebt und regiert in Ihrem Leben. Das Bewußtmachen dieser Wahrheit ist Ihre Erlösung.

EINE BESSERE ZUKUNFT

Gott hat uns nicht den Geist der Furcht gegeben, sondern der Kraft und der Liebe und der Selbstbeherrschung – 2. Tim. 1:7

Jeder Tag ist eine Gelegenheit zur Erneuerung, Wiedererhebung und Wiedergeburt. Die gesamte Natur proklamiert die Herrlichkeit eines neuen Tages. Das führt uns vor Augen, daß wir zu der Gotteskraft in unserem Innern erwachen müssen – daß wir uns erheben müssen, von unserem langen Winterschlaf der Begrenzung, um dem Morgen eines neuen Tages und neuen Lebens entgegenzugehen. Furcht, Unwissenheit und Aberglaube müssen in uns sterben, damit Glauben, Vertrauen, Liebe und Wohlwollen auferstehen können.

Nehmen Sie jetzt eine lebenspendende Transfusion von Gottes Gnade und Liebe an: „Ich bin angefüllt mit dem freifließenden, reinigenden, heilenden, harmonisierenden, vitalisierenden Leben des heiligen Geistes. Mein Körper ist der Tempel des lebendigen Gottes – er ist rein, heil und in jeder Weise vollkommen. Jede Funktion meines Gemüts und Körpers wird von göttlicher Weisheit und göttlicher Ordnung beherrscht.

Ich schaue jetzt vorwärts in eine glorreiche Zukunft. Ich lebe in freudiger Erwartung des Besten. Alle die wundervollen, gottgleichen Gedanken, die ich jetzt und während des ganzen Tages denke, sinken in mein Unterbewußtsein wie in eine Gruft. Ich weiß: Wenn ihre Zeit gekommen ist, verwirklichen sie sich als Harmonie, Gesundheit, Frieden, Zustände, Erfahrungen und Begebenheiten.

Von Furcht und Mangel wechsele ich jetzt zu Freiheit in Gott und dem Leben in Überfluß. Der Gott-Mensch in mir ist errichtet. „Siehe, ich mache alles neu!"

DER HEILIGE

(Nach der Erzählung „Der heilige Schatten“)

Vor langer, langer Zeit lebte einmal ein heiliger Mann, der so gut war, daß selbst die erstaunten Engel vom Himmel herabstiegen, um zu sehen, wie einer so gottgleich sein konnte. Dabei ging er nur ganz einfach seinen täglichen Pflichten nach und strahlte dabei Liebe aus, so wie ein Stern Licht oder eine Blume Duft ausstrahlen, ohne sich dessen bewußt zu sein. Zwei Begriffe waren es, mit denen sich sein Tag zusammenfassen ließ: Er gab und er vergab. Dennoch kamen diese Worte niemals über seine Lippen; sie drückten sich vielmehr aus in seinem bereitwilligen Lächeln, seiner Freundlichkeit, seiner Liebe und seinem guten Willen.

Die Engel sprachen zu Gott: „O Herr, gewähre ihm einen Wunsch!“

Gott erwiderte: „Einverstanden; fragt ihn, was er sich wünscht.“

„Was wünschst du dir?“ fragten die Engel.

„Was soll ich mir schon wünschen?“ fragte der Heilige lächelnd, „da Gott mir seine Gnade erweist, sollte ich damit nicht bereits alles haben?“

Die Engel bestanden hartnäckig auf ihrem Vorhaben: „Du mußt um ein Wunder bitten oder es wird dir eines aufgezwungen.“

„Nun gut“, sprach der Heilige, „dann soll mein Wunsch sein, daß ich viel Gutes tue, ohne mir dessen bewußt zu sein.“

Die Engel waren ob dieses Wunsches recht verblüfft. Sie berieten sich miteinander und faßten den folgenden Plan: Jedesmal, wenn der Schatten des Heiligen so fällt, daß er ihn nicht sehen kann – hinter ihn oder auf die Seite – soll er die Macht haben, Krankheiten zu heilen, Schmerzen zu lindern und Kummer zu vertreiben.

So geschah es. Wo immer der Heilige wandelte, machte sein Schatten die Felder grün, brachte er verdorrte Pflanzen zum Blühen, ließ er versiegte Quellen sprudeln, verlieh er blassen Kindergesichtern Farbe und brachte unglücklichen Müttern Freude. Der Heilige lebte nur sein tägliches Leben und strahlte dabei Liebe aus, so wie ein Stern Licht und eine Blume Duft ausstrahlen, ohne sich dessen bewußt zu sein.

Und die Menschen respektierten seine Demut und folgten ihm still und sprachen niemals von seinen Wundern. Nach und nach vergaßen sie sogar seinen Namen und nannten ihn nur noch den „Heiligen".

ENTDECKEN DER MACHT

Sie werden das große tiefe Reservoir der Kraft und der Macht entdecken, im gleichen Moment, da Sie es als vorhanden anerkennen und sich entsprechend verhalten. In anderen Worten: Wenn Sie von dieser großen Wahrheit überzeugt sind. „Er, der bis zum Ende ausharrt, soll errettet werden."

Erfolg, die Antwort auf Ihre Bejahungen, die angestrebte Lösung – alles das erscheint mit unfehlbarer Sicherheit, wenn Sie „im Verharren ausharren". Sie geben weder auf noch akzeptieren Sie ein „Nein" als Antwort. Bleiben Sie am Ball, bewegen Sie sich weiter vorwärts! Ein Sportler wird oftmals mitten in einem Rennen von totaler Erschöpfung übermannt. Er ist müde, ausgelaugt und bereit aufzugeben. Dann – kurz vor dem Ziel – weist er den Gedanken an eine Niederlage kategorisch zurück. Er wendet sich an die Gotteskraft in seinem Innern und im gleichen Augenblick geht eine gewaltige Veränderung mit ihm vor: Eine ungeheuere Welle der Stärke und Vitalität erfaßt ihn und ergreift Besitz von seinem ganzen Sein. Der Psychologe nennt das seinen „zweiten Wind".

Geben Sie niemals auf bevor Sie von diesem „zweiten Wind" erfaßt werden, sonst werden Sie die verborgene Macht niemals entdecken. Die Macht, die die Welt bewegt, ist in Ihrem Innern. Seien Sie überzeugt von ihrem Vorhandensein, handeln Sie entsprechend, und Sie werden Wunder in Ihrem Leben bewirken – Wunder, die Ihre kühnsten Träume übersteigen.

„Aber die auf den Herrn harren, empfangen immer neue Kraft, daß ihnen Schwingen wachsen wie Adlern; daß sie laufen und nicht ermatten, daß sie wandeln und nicht müde werden." – Jes. 40:31

LASS LOS UND LASS GOTT WIRKEN

Sie besitzen absolute Herrschaft. Sie sind Herr Ihrer Gedanken, Emotionen und Ihrer Reaktionen auf alles, was Ihnen im Leben widerfährt. Ihr Denken ist schöpferisch, denn Ihr Unterbewußtsein reagiert gemäß der Natur Ihres Denkens. Bei Ihren Bejahungen müssen Sie ein „guter Chef" sein – Sie müssen lernen, die Arbeiten weise und sinnvoll zu delegieren. Gott in seiner unendlichen Weisheit hat Ihnen ein Unterbewußtsein zu Ihrer Verfügung gegeben – einen wunderbaren Diener. Es gehorcht Ihren Befehlen bedingungslos. Sie sind der Kommandeur, der die Befehle erteilt, und Ihr Unterbewußtsein führt sie aus. Ihr tieferes Bewußtsein ist in ständigem Kontakt mit der unendlichen Intelligenz und grenzenlosen Weisheit. Wenn Sie ein Problem haben, dann übergeben sie es ihm zur Lösung. Das Unterbewußtsein verfügt über die Mittel zur Lösung Ihrer Probleme und wird Ihnen die Antwort präsentieren. Übergeben Sie ihm Ihr Anliegen vertrauensvoll. Tun Sie es jetzt. Sie werden es spüren, ob Sie Ihr Problem übergeben haben oder nicht – Sie merken es an Ihrem inneren Befinden. Wenn Sie der inneren Macht vertrauen, fühlen Sie sich gelassen und friedvoll. *Im Stillhalten und Vertrauen besteht eure Stärke.* – Jes. 30:15

WORTE DER MACHT

Mein Gemüt ist auf Gott gerichtet, deshalb bin ich in vollkommenem Frieden. In diesem Frieden Gottes finde ich Ordnung, Harmonie und göttliche Liebe.

„Kein Wort Gottes soll ohne Macht sein."

Die Worte, die ich spreche, sind voller Geist und voller Leben. Ich sehe und erkenne Gott in allen meinen Belangen und Handlungen. Mein Gemüt ist auf ihn gerichtet. Durch das Gesetz des Guten, das in meinem Leben wirksam ist, werde ich gefördert und in jeder Weise gesegnet.

Alle von mir getroffenen Feststellungen der Wahrheit sind aufgeladen mit Leben, Liebe und tiefer Bedeutung. Die Worte, die ich spreche, prägen sich tief in mein Unterbewußtsein. Ich bin glücklich im Wissen, daß Gott in meinem Herzen wohnt, denn Gott ist mein eigentliches Leben. „Siehe, ich wohne in dir, o Mann Gottes, und du wohnst in mir." Diese Worte sinken in mein Herz.

Wenn ich meine Mitmenschen ansehe, dann weiß ich, daß ich Gott anblicke – Gott in menschlicher Form. Ich sende liebevolle, segnende Gedanken aus. Ich segne die gesamte Menschheit. Ich spreche jetzt das Wort. Meine Worte sind schöpferisch; mein tieferes Bewußtsein reagiert auf sie. Ich beanspruche jetzt vollkommene Gesundheit und Harmonie, sowie vollkommenen Frieden in meinem Heim, meinem Herzen und in allen meinen Belangen.

Ich weiß und ich glaube, daß Gott mich auf allen meinen Wegen führt – daß unendlicher Geist alle meine Handlungen beherrscht. Ich habe es verfügt, deshalb wird es sich verwirklichen. Ich habe das Juwel der Ewigkeit entdeckt in meinem Herzen.

WOHLSTAND

Laß dir wohlgefallen die Reden meines Mundes und die Meditationen meines Herzens, o Herr, mein Fels und mein Erlöser! – Psalm 19:14

Wenn Sie Wohlstand in Ihr Leben bringen wollen, dann ist ein dankbares Herz einer der besten Wege dazu. Gewöhnen Sie sich an, bei jeder Gelegenheit zu danken und den Zuwachs zu loben, der Ihnen zuteil wird.

Wenn Sie zum Beispiel einen Rosenbusch in Ihrem Garten mehrmals täglich segnen, wird er darauf mit einer Blütenpracht reagieren, die alle anderen Rosen übertrifft.

Geben Sie Ihrer Dankbarkeit Ausdruck – bei jeder nur möglichen Gelegenheit. Danken Sie für die wundervolle Mahlzeit auf dem Tisch. Segnen Sie die Mitglieder Ihres Haushalts und die Menschen in aller Welt. Diese Segnungen kehren zu Ihnen zurück. Den anderen segnen bedeutet, die Gegenwart Gottes in diesem Menschen wahrzunehmen und zu bejahen, daß er mehr und mehr Liebe ausstrahlt – daß er mehr und mehr zum Ausdruck der Liebe Gottes wird; der Liebe Gottes, des Lichts und der Wahrheit. Segnen Sie alle Ihre Angehörigen; segnen Sie jede Situation; segnen Sie Ihr Heim, Ihre Umgebung, Ihre Arbeit und Ihren Arbeitsplatz. Damit setzen Sie zugleich das große Gesetz des Wohlstands in Gang.

Wohlhabend sein bedeutet spirituell, geistig und materiell zu wachsen. Bejahen Sie: „Ich setze jetzt das Gesetz des Wohlstands in Gang, es wirkt sich in meinem Leben auf wunderbare Weise aus." Tun Sie es auf diese Weise: „Ich bejahe Wohlstand und alle Segnungen für jedes Mitglied meiner Familie. Ich danke, ich lobe und ich erhebe Gott in meinem Mann, meiner Frau in meinen Kindern. Ich segne alles, was sie tun. Ich segne alle Geschenke, die ich mache. ich weiß, es liegt mehr Segen im Geben als im Empfangen. Ich segne mein Unternehmen. Ich segne meine Mitarbeiter, meine Kunden und alle Menschen. Meine Arbeit gedeiht, sie wächst, sie vervielfältigt sich und kehrt tausendfach zu mir zurück."

VORWÄRTS UND AUFWÄRTS

Bewahren Sie sich eine positive, konstruktive Gemütshaltung, und Sie bewegen sich vorwärts, aufwärts und gottwärts. Manchmal hört man einige Leute von schlimmen Dingen reden, die mit unfehlbarer Sicherheit kommen würden; offenbar sehen sie keinen Grund, weshalb sich etwas Gutes ereignen sollte. Sie behaupten, Gebet sei nichts anderes als Wunschdenken. *Wunschdenken* ist für sie ein Wunsch, der sich nicht verwirklichen läßt, oder ein Wunsch – zu schön, um wahr zu sein.

Halten wir doch mal eines fest: Nichts ist zu schön, um wahr zu sein, und kein Zustand ist zu wunderbar, um anzudauern. Beanspruchen Sie Ihr Gutes jetzt und freuen Sie sich in dem Bewußtsein, daß alle guten Dinge Ihnen gehören.

Wünsche klopfen an die Tür eines jeden Herzens. Es ist unsere innere Stimme, die da sagt: „Komm höher!" Gebet ist der Eintritt in das Bewußtsein des bereits erfüllten Wunsches. Wenn Wunschdenken ein Wünschen ohne Aussicht auf Verwirklichung ist, wer – so müssen wir fragen – ist dann der Wunschdenker? Es ist derjenige, der das Gebet nicht begreift. Er wünscht sich zwar Gesundheit, Reichtum, Wohlbefinden und wahren Selbstausdruck, aber in seinem Herzen sagt er sich: „Ich glaube das nicht; ich habe kein Vertrauen." In anderen Worten: Es mangelt ihm an Glauben und Vertrauen – und genau darauf reagiert das ewige Lebensprinzip in uns allen.

Der wissenschaftliche Denker weiß, daß es einen Weg gibt, um seine Wünsche zu verwirklichen. Er hat erkannt, daß es in seinem Innern ein subjektives Gesetz gibt, das auf seinen Glauben und seine Überzeugung reagiert. Er ist sich bewußt: wenn er vertrauensvoll bejaht, wird er empfangen. Sein Vertrauen ist wohl fundiert; er ist im Frieden. Ein solcher Mensch hat sein Anliegen seinem Unterbewußtsein übergeben, in dem Wissen, daß es ihm antworten wird.

Blicken Sie nicht auf den Gipfel des Berges und sagen dabei: „Es ist unmöglich!“ Sie sind in der Wahrheit. Wenn Ihre Vision auf den Gipfel gerichtet ist, dann wird Ihr Glaube Sie dahin bringen.

DIE LIEBE GOTTES

Gottes Gaben sind jetzt mein. Ich lebe in der Gegenwart Gottes, von dem alle Segnungen ausgehen. Ich nehme jeden Augenblick dieses Tages wahr, um Gott zu verherrlichen. Gottes Harmonie, Frieden und Überfluß sind jetzt mein. Göttliche Liebe geht von mir aus und segnet allle, die in meine Atmosphäre gelangen. Gottes Liebe ist für alle hierAnwesenden wahrnehmbar – sie wird von allen gefühlt und alle werden durch sie geheilt.

Ich fürchte kein Übel, denn Gott ist bei mir. Ich bin immer vom heiligen Kreis der Liebe und Macht Gottes umgeben. Ich weiß, ich fühle und ich glaube definitiv, daß der helle Strahl von Gotes Liebe und ewiger Wachsamkeit mich führt, heilt und behütet – mich und alle meine Lieben.

Ich vergebe jedem, und ich strahle Gottes Liebe, Frieden und Wohlwollen in aller Aufrichtigkeit auf alle Menschen aus, wo immer sie sich auch befinden mögen. Im Mittelpunkt meines Seins ist Frieden; es ist der Frieden Gottes. In dieser Stille spüre ich seine Stärke, seine Führung und die Liebe seiner heiligen Gegenwart. Auf allen meinen Wegen werde ich göttlich geführt. Ich bin ein ungetrübter Kanal für Gottes Liebe, Licht, Wahrheit und Schönheit. Ich spüre, wie sein Fluß des Friedens mich jetzt durchströmt. Ich weiß, daß alle meine Probleme im Gemüt Gottes aufgelöst sind. Gottes Wege sind meine Wege. Die Worte, die ich gesprochen habe, vollbringen das wozu sie ausgesandt wurden. Ich freue mich und sage Dank in dem Bewußtsein, daß meine Gebete beantwortet sind. Es ist so.

WIE MAN EINE BEHANDLUNG DURCHFÜHRT

Bei einer spirituellen Behandlung wenden Sie sich an den innewohnnenden Gott. Sie werden sich seines Friedens, seiner Harmonie, seiner Vollkommenheit, seiner Schönheit, seiner grenzenlosen Liebe und seiner unbegrenzten Macht bewußt. Seien Sie sich bewußt, daß Gott Sie liebt und für Sie sorgt. Bei dieser Bejahung wird die Furcht nach und nach verschwinden. Wenn Sie wegen eines Leidens beten, dann denken Sie nicht an das kranke Organ – das wäre kein spirituelles Denken. Gedanken sind Dinge. Ihr spiritueller Gedanke nimmt Form an: die Form von Zellen, Gewebe, Nerven und Organen. An einen Krankheitszustand denken heißt, mehr von dem zu verlangen, was man bereits hat. Hören Sie auf, gedanklich bei Symptomen zu verweilen. Wenden Sie Ihr Denken Gott und seiner Liebe zu. Seien Sie sich bewußt – fühlen Sie, daß es nur eine einzige heilende Gegenwart und Macht gibt, und die logische Folgerung: *Es gibt keine Macht, welche die Handlungen Gottes herausfordern kann.*

*

Bejahen Sie still und liebevoll, daß die heilende, stärkende Macht der Heilungsgegenwart Sie jetzt durchströmt und Sie völlig wiederherstellt. Machen Sie sich bewußt und fühlen Sie, daß die Harmonie, die Schönheit und das Leben Gottes sich in Ihrem Innern manifestiert als Kraft, Frieden, Vitalität, Schönheit, Vollkommenheit und rechtem Handeln. Schaffen Sie sich eine klare Erkenntnis dieser Wahrheit, und jeder Krankheitszustand wird sich auflösen – im Licht der Liebe Gottes.

Verherrlicht Gott mit eurem Leib. – 1. Kor. 6:20